国家出版基金项目
NATIONAL PUBLICATION FOUNDATION

记住乡愁

——留给孩子们的中国民俗文化

刘魁立◎主编

赵李娜◎编著

第十辑 民间信俗辑

三皇五帝

本辑主编 黄景春

黑龙江少年儿童出版社

编委会

序

　　亲爱的小读者们，身为中国人，你们了解中华民族的民俗文化吗？如果有所了解的话，你们又了解多少呢？

　　或许，你们认为熟知那些过去的事情是大人们的事，我们小孩儿不容易弄懂，也没必要弄懂那些事情。

　　其实，传统民俗文化的内涵极为丰富，它既不神秘也不深奥，与每个人的关系十分密切，它随时随地围绕在我们身边，贯穿于整个人生的每一天。

　　中华民族有很多传统节日，每逢节日都有一些传统民俗文化活动，比如端午节吃粽子，听大人们讲屈原为国为民愤投汩罗江的故事；八月中秋望着圆圆的明月，遐想嫦娥奔月、吴刚伐桂的传说，等等。

　　我国是一个统一的多民族国家，有 56 个民族，每个民族都有丰富多彩的文化和风俗习惯，这些不同民族的民俗文化共同构筑了中国民俗文化。或许你们听说过藏族长篇史诗《格萨尔王传》

中格萨尔王的英雄气概、蒙古族智慧的化身——巴拉根仓的机智与诙谐、维吾尔族世界闻名的智者——阿凡提的睿智与幽默、壮族歌仙刘三姐的聪慧机敏与歌如泉涌……如果这些你们都有所了解，那就说明你们已经走进了中华民族传统民俗文化的王国。

你们也许看过京剧、木偶戏、皮影戏，看过踩高跷、耍龙灯，欣赏过威风锣鼓，这些都是我们中华民族为世界贡献的艺术珍品。你们或许也欣赏过中国古琴演奏，那是中华文化中的瑰宝。1977年9月5日美国发射的"旅行者1号"探测器上所载的向外太空传达人类声音的金光盘上面，就录制了我国古琴大师管平湖演奏的中国古琴名曲——《流水》。

北京天安门东西两侧设有太庙和社稷坛，那是旧时皇帝举行仪式祭祀祖先和祭祀谷神及土地的地方。另外，在北京城的南北东西四个方位建有天坛、地坛、日坛和月坛，这些地方曾经是皇帝率领百官祭拜天、地、日、月的神圣场所。这些仪式活动说明，我们中国人自古就认为自己是自然的组成部分，因而崇信自然、融入自然，与自然和谐相处。

如今民间仍保存的奉祀关公和妈祖的习俗，则体现了中国人崇尚仁义礼智信、进行自我道德教育的意愿，表达了祈望平安顺达和扶危救困的诉求。

小读者们，你们养过蚕宝宝吗？原产于中国的蚕，真称得上伟大的小生物。蚕宝宝的一生从芝麻粒儿大小的蚕卵算起，中间经历蚁蚕、蚕宝宝、结茧吐丝等过程，到破茧成蛾结束，总共四十余天，却能为我们贡献约一千米长的蚕丝。我国历史悠久的养蚕、丝绸织绣技术自西汉"丝绸之路"诞生那天起就成为东方文明的传播者和象征，为促进人类文明的发展做出了不可磨灭的贡献！

小读者们，你们到过烧造瓷器的窑口，见过工匠师傅们拉坯、上釉、烧窑吗？中国是瓷器的故乡，我们的陶瓷技艺同样为人类文明的发展做出了巨大贡献！中国的英文国名"China"，就是由英文"china"（瓷器）一词转义而来的。

中国的历法、二十四节气、珠算、中医知识体系，都是中华民族传统文化宝库中的珍品。

让我们深感骄傲的中国传统民俗文化博大精深、丰富多彩，课本中的内容是难以囊括的。每向这个领域多迈进一步，你们对历史的认知、对人生的感悟、对生活的热爱与奋斗就会更进一分。

作为中国人，无论你身在何处，那与生俱来的充满民族文化DNA 的血液将伴随你的一生，乡音难改，乡情难忘，乡愁恒久。这是你的根，这是你的魂，这种民族文化的传统体现在你身上，是你身份的标识，也是我们作为中国人彼此认同的依据，它作为一种凝聚的力量，把我们整个中华民族大家庭紧紧地联系在一起。

《记住乡愁——留给孩子们的中国民俗文化》丛书，为小读者们全面介绍了传统民俗文化的丰富内容：包括民间史诗传说故事、传统民间节日、民间信仰、礼仪习俗、民间游戏、中国古代建筑技艺、民间手工艺……

各辑的主编、各册的作者，都是相关领域的专家。他们以适合儿童的文笔，选配大量图片，简约精当地介绍每一个专题，希望小读者们读来兴趣盎然、收获颇丰。

在你们阅读的过程中，也许你们的长辈会向你们说起他们曾经的往事，讲讲他们的"乡愁"。那时，你们也许会觉得生活充满了意趣。希望这套丛书能使你们更加珍爱中国的传统民俗文化，让你们为生为中国人而自豪，长大后为中华民族的伟大复兴做出自己的贡献！

亲爱的小读者们，祝你们健康快乐！

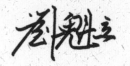

二〇一七年十二月

目 录

三皇五帝是何人？

三皇五帝是何人？

在各种书籍里，我们经常看到"三皇五帝"的说法。在中国古代文献中，"皇"经常用来表示居于中心、统领万物、神圣而辉煌的高尚称号，"帝"也是权力的象征，因此古代书籍中常用"三皇五帝"表示远古社会具有无上权威和开创之功的神圣君主。"三皇五帝"这个词大致出现在战国后期各类著作中，至于他们究竟是哪些人的说法也不尽相同。如三皇，有的认为是天皇、地皇、泰皇，有的认为是天皇、地皇、人皇，有的认为是具体的神话人物，有的认为是伏羲、女娲、神农，有

的认为是伏羲、神农、祝融，或者认为是伏羲、神农、共工——诸如此类，没有统一的说法。五帝也有很多种说法，不过影响最大的有三种：第一，以黄帝、颛顼（zhuān xū）、帝喾（kù）、尧、舜为五帝，这是西汉著名史学家司马迁在《史记·五帝本纪》中的说法；第二，西汉学者戴圣在编订《礼记·月令》时，以太皞（hào）、炎帝、黄帝、少皞、颛顼为五帝；第三，西晋学者皇甫谧撰写的《帝王世纪》中，认为五帝是少皞、颛顼、高辛、唐尧、虞舜。还有一些书籍中另有不同的说法，不一而足。

3

因此大家都很迷惑——三皇五帝到底是哪些人？是真实存在的历史人物，还是神话人物？

其实，所谓的"三皇五帝"是战国以来各家知识分子为了解释说明自己的政治理想和学说而创造出来的关于远古社会的神圣王者的典型形象。在此之前，这些人物的事迹和传说有可能在民间已经流传很久，这反映了人类对远古社会生活的追忆和纪念。比如燧人钻木取火的故事，就是早期人工取火的历史记忆；伏羲又名庖羲，反映了原始社会时期肉食屠宰的历史，汉代以后，他和女娲又成为婚姻和生育的象征；神农之名及其从事农业生产和尝百草、发明医药的事迹，反映了人们对远古农业和医学创始期的追忆。

"三皇"不管如何变化，总要凑成三个人，其实是战国以来中国人对于"三"这个数字的崇敬。因为在当时的社会思想中，"三"是一个崇高的数字，有"三生万物"的说法。"三"还代表着"上中下"构成宇宙的思想理念。因此各家知识分子在采集民间传说中的圣王和英雄人物来体现自己的学说时，总要凑出三个人来显示上古社会的不同时代。同样的，"五帝"的产生也基于这个道理，因为当时已经逐渐有了五方（东西南北中）和五行（金木水火土）的观念，这是当时人理解的万物和时空变化的宇宙规律，因此"五"也成为战国以后的社会思想中表达完善之意的重要说法。总之,"三"和"五"代表一种以"上下中"及"东西南北中"为基础的完整的宇宙、人生、造化观念和社会运行思想,这是"三皇五帝"之说在战国以来存在的基础。

有了"三五"为至尊的思想观念,战国以来的很多书籍中都努力地采集各地一些民间传说的神话英雄人物,纳入到"三皇五帝"的框架中,来诉说自己的政治理想和学说,这就是"三皇五帝"有多个版本的主要原因。但是,不论这些"三皇五帝"们是否是真实存在过的历史人物,至少可以确定的是,千百年以来,在各个地域民众的心目中,他们已经成为一种可以与生活结合的信仰。在某些地区,由于有官方修茸的某个圣王陵墓在当地的存在,以及古代国家定期或不定期在这里举行的祭祀仪式,还有民众口耳相传的英雄业绩,在百姓心中已经成为当地的保护神和文化象征。人们传唱圣王的事迹,学习他们的品德,遭

山东嘉祥武梁祠汉画像石中的"三皇五帝"

遇苦难时希望得到圣王的保佑，丰收之时也会祭拜他，举行庙会纪念他。因此，我们认为不论"三皇五帝"是否真实存在过，至少在古代中国的大部分地域都有关于这些圣王的信仰存在，而这也是本书想要介绍的重点内容。本书选取了几位人们大都耳熟能详或者深受敬仰的古代圣王形象，主要介绍传说中他们的生平事迹以及人们对他们的崇拜信仰情况。

伏羲与女娲

|伏羲与女娲|

在古代文献和民间传说中，伏羲是三皇之一。他和女娲是华夏的人文始祖。相传他人首蛇身，与其妹女娲成婚，生儿育女，成为人类的始祖。在古代典籍中，伏羲一般与人类早期社会的一些生产及生活发明有关，此外，据记载，伏羲很有圣人德行，他经常观看天象、俯瞰大地，喜欢从自然万物中汲取灵感，在生产生活方面有很多有益发明，如发明了书简来代替之前古老的结绳记事，发明了婚嫁之礼，还发明了渔网并教大家使用，教会大家饲养动物用作肉食。最重要的是，伏羲通过仔细观察万物来了解它们之间的联系与变化规律，发明了"八卦"，也就是说用八个符号，分别代表天、地、水、火、风、雷、山、泽，利用它们的组合来占卜吉凶，被看作中国哲学思想的先驱。此外，古代文献中的伏羲还在制瑟作乐、作甲历、定节气等方面有所创造和建树，实际上这些都是人类早期社会集体智慧的结晶，只不过战国以来的学者都将这些早期人类社会的集体智慧成果投射到伏羲一人身上而已。即便事实真相如此，由于战国诸子百家学说对于中国古代社会的影响力之大，也由

|各地汉代画像石中的伏羲女娲形象|

|北魏鲜卑沙岭7号墓中的伏羲女娲（山西大同）|

于民众自身对于人文始祖的崇拜和敬仰，伏羲的故事流传四方，在各地都有经典版

本。其中伏羲文化最为集中的地域大致在今甘肃天水、河南淮阳以及西南苗族聚居地，这些地区以伏羲发明故事，伏羲、太皞祭祖仪式以及伏羲、女娲兄妹成婚故事为其中的经典代表，主要展现了中华人文始祖伏羲和女娲在生产生活发明中的重要贡献，凝结了几千年来人们对于史前祖先开创文明的文化记忆。

现在的甘肃天水地区是伏羲女娲民间文化最为盛行的区域之一，主要表现在民间传说神话故事的流传以及当地人对于伏羲和女娲的祭祀形式。在天水，关于伏羲女娲的传说十分丰富，既有伏羲不平凡出生的传说，也有其画八卦的传说。天水有卦台山、马龙洞、八卦城、

八卦坡等地名，这些地方都盛传着伏羲画八卦的传说。关于女娲，则主要是造人神话和补天神话，对照古代典籍记载基本情节都是一致的，只不过是把伏羲、女娲都变成了当地人。因此，在天水地区自古以来就有祭祀伏羲和女娲的传统，作为上古神话传说中的人物，二者受到历朝历代统治者的重视与祭祀，被称为"正祭"，同时作为伏羲女娲信仰的主要群体，民众也对二者有着虔诚的信仰，这种信仰行为在当地留下了神庙等物质文化遗产以及祭祀、庙会等非物质文化遗产。

虽然中国古代官方从秦代就已经开始祭祀伏羲，但在天水地区，直到北宋太平兴国时期（约 976 年—984 年）才在当时秦州三阳川蜗牛堡（今天水卦台山）创建伏羲庙，开启了天水地区官方统治者祭祀伏羲的传统，经历代重修，至今仍然存在。

不但历代官方统治者都来此祭祀，而且民间还自发地进行不间断的祭祀与庙会。直到今天，每年农历二月十五日"卦台山庙会"成为天水当地较有影响力的庙会之一。因为伏羲在传说中的种种功绩，所以在民间有"人祖"之称。天水地区从农历二月初二"龙抬头"之日算起，一直到农历三月初三都是祭祀"人祖"的日子。这

卦台山伏羲庙

一天天色微明时，方圆数百里的民众即起身"朝山"，庙会期间各种地方活动昌盛不绝，书画展销、秦腔表演、杂耍卖艺等形式，极大丰富了百姓的农闲生活。天水伏羲庙主要有两处，除了上述提到的历史悠久的卦台山伏羲庙，另外一处在今天水小西关伏羲路北，这座庙宇本名"太昊（皞）宫"，当地人俗称"人宗庙""人祖庙"。在明代以前，当地伏羲祭祀的主要地点在卦台山伏羲庙。明成化十九年（1483年）秦州开始建庙。从正德十六年（1521年）起，伏羲的官方祭祀中心开始慢慢转移到秦州城内，卦台山地位下降，逐渐成为民祭的场所，秦州城内的伏羲庙也由官方的祭祀场所慢慢成为全国的祭祀中心。这一处庙宇经过清光绪十一年至十三年（1885年—1887年）第九次重修后，至今仍存面积6600多平方米。古建筑有戏楼、牌坊大门、仪门、先天殿、太极殿、钟楼、鼓楼、来鹤厅等共十座。新建筑有朝房、碑廊、展览城等共六座。整个建筑坐北朝南，牌坊、大门、仪门、先天殿、太极殿沿纵轴线依次排列、层层推进，庄严雄伟。小西

甘肃天水秦州小西关伏羲庙

关伏羲庙每年有春、秋两次祭祀。春祭主要由民间组织上元会主祭，广大民众参与；秋祭由天水市政府组织。卦台山伏羲庙则主要由民间祭祀。小西关的民间祭祀——伏羲庙会在每年正月初一到正月十六举行，当地很多民众在除夕的晚上便前往伏羲庙"坐夜"，直到正月初一凌晨零时整，伏羲庙开庙之时，坐夜等待的民众便抢着烧"头香"，以祈求来年一切顺利。从正月初一到正月十六，每天进庙上香的人络绎不绝。相传正月十六是伏羲诞辰日，这一天被民间认为是伏羲庙庙会正日，从正月十四起，上元会就邀请戏剧团给"人祖爷"伏羲唱大戏，到正月十五，人们便开始聚集庙内等待神圣祭典时

刻的到来。正月十六零时，随着礼炮、花炮、烟花和鼓乐的齐奏而鸣，民间祭祀伏羲仪式正式开始。首先由上元会宣读伏羲祭文，之后人们开始在大殿中瞻仰、拜祭伏羲，拜祭之后民众争抢献给"人祖爷"的供品如猪肉、水果、馓子等，因为当地人认为吃了献给"人祖爷"的供品，一年四季都会受伏羲爷的庇佑，到次日正月十六正庙会之日，上元会早就将"人祖爷"塑像移到先天殿外，用黄色旗帜加以装饰，并在像前供奉猪、牛、羊等最高等级的祭品以及水果点心等。此时，外面请来的唢呐班子奏响迎神曲，这是专门为祭祀神灵而创作的乐曲；同时人们拿着香裱、红蜡烛等祭品，到先天殿前烧

香、祈祷、磕头，并往功德箱内捐钱。之后还会买（仪式中称为"请"）纸人、艾蒿等，并用糨糊把这些红纸人贴到柏树上，用香为自己或亲戚朋友祈福。到下午时，庙内的活动基本结束，人们的兴趣便转向庙外伏羲广场中的娱乐项目，这里有各类小吃，有卖艺、唱曲的艺人，还有专门给伏羲爷请的秦腔大戏。活动会一直持续到晚上才结束。

天水地区之所以有如此昌盛和持久的伏羲祭祀活动，是因为民众相信中华人文始祖"伏羲"是天水人，就出生在这里，他的一系列为民造福的伟大发明都是在这里诞生的，因此当地留

秦州伏羲庙中的伏羲塑像

下了丰富的伏羲神话传说故事。

无独有偶，在中华民族文化重要发祥地中原地区，伏羲文化也有着较为广泛的流布与发展，到处都有伏羲、女娲的史迹与传说。其中比较著名的有淮阳羲皇故都与太昊（皞）伏羲陵、濮阳雷泽华胥履迹处、郑州浮戏山、巩义伏羲台、孟津龙马负图寺、洛宁洛出书处、西华女娲城与女娲坟、上蔡白龟庙、沁阳伏羲女娲殿、济源女娲补天石等。古代文献中的伏羲最后定都于"陈"，死后也葬于此，也就是今天的河南淮阳一带，在今淮阳以北1.5千米处蔡河之滨有一座"太昊伏羲陵"，由于是中华"人文始祖"墓，因此号称"天下第一陵"。其实当地为伏羲建造陵庙的历史非常悠久，至少可以追溯到春秋时期，以后历朝历代都有不同程度的修建，现在

|河南淮阳太昊伏羲陵午朝门|

见到的太昊陵主要是在明朝重建以及清乾隆年间修葺的基础上存留下来的。此陵整个建筑群分布与命名均按照帝王规制和先天八卦之理，分列在长达750米、由南至北的中轴线上。陵园正中为统天殿，内有手托八卦的伏羲坐像，两侧配有神农、黄帝、少皞、颛顼等古代圣王，殿后太始门之后为太昊伏羲陵，其高20米，周长128米，呈上圆下方之状，陵前有八卦坛，与伏羲创八卦的传说相呼应。与天水两处伏羲庙分别举行祭祀与庙会不同，河南淮阳的伏羲祭祀无论是官祭还是民祭均在太昊陵庙内，但场所稍有区分。一般来说，官祭设在太昊陵内最大的建筑统天殿前，民祭则集中在先天八卦坛后的太昊陵墓之前。与天水不同，河南淮阳的伏羲祭祀时间为农历二月初二到三月初三，二月二当天举行盛大的官方祭祀，但民众普遍认为二月十五是祭祀伏羲的正日子。较为独特的是，在淮阳祭祀伏羲女娲时，还会演唱关于伏羲和女娲事迹的经词，被当地人称为"人祖经"和"人祖姑娘经"。在淮阳及周边还流传着大量伏羲女娲显灵的传说，如《人祖治病的传说》《人祖抵挡黄河水》等，这类传说的产生当然来自于人们对于伏羲女娲的虔诚崇拜，当然也更加深了人们的伏羲女娲信仰。

|2015 年的太昊陵"人祖庙会"|

神农

| 神 农 |

我国的三皇五帝传说非常丰富，前文已经讲述原始社会时期部落集团中对于婚姻和家庭形态的控制所映射出的伏羲女娲故事，到了新石器时代早中期（距今约10000年—7000年）人类进入了原始农耕文化萌生与发展的重要阶段，传说中的神农氏应该属于这一段历史的文化记忆。

神农氏之名同原始农耕文化的发展有着密切关系，因此被后世奉为农神和医药神。在古代史书和民间故事中，神农还多和炎帝及烈山氏混合在一起，称为"炎帝神农氏"。其实在今天所能看到的所有有关先秦的记载中，炎帝与神农氏都没有被合用过。有些文献中只有神农或炎帝，有些文献中既有神农又有炎帝，但二者的含义截然不同，从汉代开始，炎帝和神农氏逐渐在书籍记载中被合为一体，此后炎帝神农氏越来越多地出现在书籍和民间神话传说中，成为中国人认定的重要史前始祖之一。

关于神农其人，古书和民间传说中有很多涉及他的事迹，有人总结他的历史功绩为：开创农耕，种植五谷；和药济人，遍尝百草；教民贸易，日中为市；研发器具，作陶冶金；首制琴瑟，削桐联丝；始兴纺织，织麻为布；改善民居，筑台建室。

总之，典型农耕社会的一系列物质基础都被认为是神农氏所发明创造的，这表明了民众对这位神人的认可与热爱。

神农氏的最重要成就是开创了中国的农耕文明，传说他从野生植物中选育出优良品种，发现了五谷，从此奠定了中国人吃五谷杂粮的习惯。相传他还发明了"刀耕火种"法并教给民众——这是一种比较原始的耕种方法，也就是先用石斧砍伐地面上的枯木根茎，晒干后用火焚烧，经过火烧的土地变得松软，又可以利用之前烧过的草木灰作为肥料，然后再播种五谷，这样一来，农田不用施肥，非常方便。在古代史书记载和民间传说中，中国的经典农具耒、耜也是神农发明的，这两种都是木制翻土播种农具。耒是一根尖头木棍加一段短横木，使用时把尖头插入土壤之中，用脚踩横梁使木棍进一步深入，然后翻出；耜是和耒差不多的翻土工具，只是把尖头换成了扁头。这些发明看似是集中到一个人，也就是神农的身上，但在史前农业发展时期，这些农具是真实存在的，现代考古学可以证明。如距今8000年至7500年的彭头山文化八十垱遗址（在今湖南澧县梦溪镇五福村夹河北岸）就出土了耒、耜，在遗址西北聚落外围古河道内还发现了近万粒稻谷和田埂遗迹，说明当时真正有了稻作和农具的原初形态。迄今为止，发现史前稻谷遗址最多的地方也正好是神农传说较为盛行的湖南与湖北地区。

在神农事迹中，最为人们熟知和津津乐道的还有他对于中医、中药的发明和贡献。相传神农氏看到族人在生产生活中经常有受伤殒命和患病丧命的情况，于是决心为百姓寻找医治的好办法。他深入山野，遍尝各种草药，几次差点儿丧命，终于发现了草木的规律，发明了用药草医治疾病和创伤的方法，这就是著名的"神农尝百草"传说。神农也因此被后人供奉为医药神，在一些有神农传说和信仰的地区，如果有人患病的话，都会拜祭神农以祈求药到病除，中国古代的医药书或药方也多以"神农"命名，如中国第一部医学著作就被命名为《神农本草经》。

在一些古代史书和传说中，被集合在神农身上的一些原始发明还有制作陶器、纺织、开集市、通商贸、做琴瑟、创立原始天文学和历法等发明和贡献，这些都是新石器时代原始农业发展和

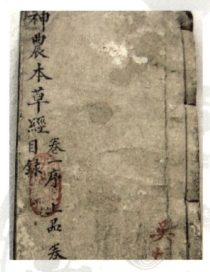

| 清光绪元年（1875 年）出版的古雕版《神农本草经》|

确立时期原始先民的集体智慧和经验成果，后人将这些发明都集结到古代传说中的神圣王者——神农一个人的身上，代表着国人对于原始社会中农耕萌生及发展时期的历史追忆和纪念。

与史书记载和传说故事相对应的，在各地还有一些与神农有关的地名，这表示神农的足迹遍布华夏大地，在陕西、山西、河南、湖南、湖北等地，都有相关

的地名和神农传说存在。如传说中的神农故里，有陕西宝鸡和湖北随州两处；传说中神农建立的都城一般有今山东曲阜、河南淮阳以及陈留、杞县等地；山西长子有神农城遗迹存在，山上有神农庙；传说中的神农冢有湖南炎陵、山西长治、陕西宝鸡等几处；在湖北、山西、湖南的一些地方，历史上都有神农庙存在，说明这些都是民众信奉神农比较盛行之地。此外，至于神农井、神农拾嘉禾处、尝药处、神农山、耒山等都是湖南境内与神农有关的地名，湖北的神农架更是因为优美的自然风光与动人的人文景观享誉全球。当地流传着大量的神农故事，著名的叙事长诗《黑暗传》是在神农架地区长期

传唱的关于盘古开天辟地、先民历经洪水的口头记录，而炎帝神农的历史功绩是这首长诗的重要组成部分。与古代书籍中的简略记载不同，《黑暗传》为我们呈现了一个立体生动、有血有肉的圣王神农，我们看看其中的两节：

当时天下瘟疫广，村村户户死无人，神农治病尝百草，劳心费力进山林。神农尝草遇毒药，识破七十二毒神，要害神农有道君，神农判出众姓名，三十六计逃了生。七十二种还阳草，神农采回救黎民，毒神逃进深山林，至今良药平地广，毒药平地果然稀。

神农尝百草，瘟疫得太平，又往七十二名山，来把五谷来找寻。神农上了羊头山，仔细找，仔细看，找到粟籽有一颗，寄在枣树上，忙去开荒田，八种才能成粟谷，后人才有小米饭。大梁山中寻稻籽，稻籽藏在草中间，神农寄在柳树中，忙去开水田，七种才有稻谷收，后人才有大米饭。朱石山，寻小豆，一颗寄在李树中，一种成小豆，小豆好种出薄田。大豆出在维石山，神农寻来好艰难，一颗寄在桃树中，五种成大豆，后有豆腐出淮南。大小麦在朱石山，

神农架景区神农祭坛

寻得二粒心喜欢，寄在桃树中，耕种十二次，后人才有面食餐。武石山，寻芝麻，寄在荆树中，一种收芝麻，后来炒菜有油盐。神农初种五谷生，皆因六树来相伴。

……

《黑暗传》在神农架地区作为老人去世时的丧礼歌，显示了这首长诗在当地人心目中的重要地位。此外，文化工作者在当地搜集到的《神农的石狮子》《神农架木城》等故事都是与神农架有关的动人传说。

不仅如此，人们还通过祭祀等活动表达对神农的崇敬之情。如河南焦作沁阳市西 25 千米处太行山南麓有一处叫作神农坛的地方。2002 年 10 月，来自全国的多位考古专家和古建专家对神农山一带进行考察后，认为该山顶峰上的神农坛是史前祭祀神农炎帝的场所。此处神农坛在当地有"神农祭祀坛""紫金坛"等称呼，山上有南天门和"祖师殿"，店内祀奉着炎帝神农氏，有楹联写道："神所凭依将在德万代宗设属炎农"，神农坛南有"神农涧"，北有"神农城"，说明在古代，这里的神农文化和祭祀十分发达。

| 河南焦作神农山 |

黄帝

| 黄帝 |

成书于春秋战国时期的《周易·系辞》中记载：神农氏时代之后是黄帝和尧舜时代，他们紧跟着时代和社会结构的形式来改变为民服务的方法，使得百姓安居乐业。这里说的"黄帝"，是我国古代史书和传说中继"三皇"以后的古代伟大圣王。在传说中，他带领百姓发展农业，带领臣下发明了各种技术和制度，成为后世百姓尊崇的中华民族人文始祖和中华传统文化的象征人物。

黄帝是一个传说中的人物，他在中国古代书籍和传说中的形象和事迹，代表了一个时代。也就是新石器时代晚期，农业确立为社会的主要支柱产业以后，黄河流域原始部落集团联盟发展农业生产、确立各项制度以及

| 山东嘉祥武梁祠汉画像石上的黄帝形象 |

各项发明的时代，这些创举都是上古人民的集体智慧和劳动成果，但是经过后世的史书记载和口头流传，逐渐将这些功绩都集中到了一个人，也就是黄帝的身上，黄帝也逐渐成为中华文化的象征。

在成为中华文化的象征之前，黄帝出现在各种传说中；成为中华文化象征之后，黄帝仍然在各种传说中扮演着重要角色。众所周知，虽然黄帝是传说中的人物，但不可否认的是，他代表了先民对中华文明奠定时期的追忆与肯定。自先秦以来，有关黄帝的传说多种多样，形成了不同的传说系统。而流传至今稍具条理且有一定情节的黄帝传说，首先出自西汉著名史学家司马迁的传世

名著《史记》中。为了写成其中的《五帝本纪》篇，司马迁在流传有黄帝传说的一些地区做了田野调查，访问了很多能讲述黄帝传说的老人，当然还对比了之前一些书籍中的记载，于是有了《五帝本纪》中对于黄帝事迹的整合行为。这篇记载对后世黄帝传说的传唱以及在民众心目中的形象影响很大。

在《史记》中，黄帝是古代部落首领少典之子，姓公孙，名叫轩辕。轩辕生下来就很神灵，与众不同，据说他很小的时候就会说话，还能准确判断一件事的正确与否。长大了之后，又非常聪明和忠厚。成人之后，耳聪目明，善于判断事物。在轩辕成长之际，神农氏后代的统治已经有些衰落了。当

时各个部落之间连年战争，给百姓造成了极大的伤害，神农氏炎帝一族的战斗力又很弱。于是轩辕就挑起了武装战争的重担，来征伐那些作恶的部落诸侯，使得这些部落首领相继归从。但其中蚩尤在各诸侯中最为凶暴，没有人能征讨得了他。得到诸侯支持的轩辕修行德业，整顿军旅，研究四时节气变化，种植五谷，安抚民众，丈量四方土地，训练以熊、罴、貔、貅、貙、虎等为图腾崇拜的六个部落，跟炎帝在阪泉之野交战，先后打了几仗才战胜了炎帝。这时，蚩尤又发动叛乱，不听从黄帝轩辕之命。于是黄帝率领各部落诸侯，和蚩尤在涿鹿之野交战并战胜杀死他。于是诸位部落首领都拥护轩辕代替神农成为天下管理者，并遵奉他为"黄帝"。此后天下只要有不服从管理的，黄帝就前去征讨，平定一个地方之后就离开，一路上劈山开道，从来没有在一个地方安定地居住过。

黄帝轩辕氏的足迹最东到达东海，登上了丸山和泰山；最西到达崆峒，登上了鸡头山；最南到过长江，登上了熊山、湘山；往北驱逐了獯鬻（xūn yù）部落，来到釜山与诸侯一起合验了休战的兵符和契约，最后来到了涿鹿山麓，建起了自己的都邑。由于之前带兵四处争战，黄帝没有固定的住所，都是带兵走到哪儿就在哪儿设置军营以自卫。他所封的官职都用"云"来命名，例如军队号称"云师"。黄帝还设置了左右大监，由他们监督各诸侯的情况，万国于是安定下来，结束了长久的部落争战时期，因此黄帝时期祭祀鬼神山川的仪式是最多的。之后黄帝又获得了上天赐予的宝鼎，于是又观测太阳的运行、用占卜的蓍草推算历法，预知节气日辰；他还任用风后、力牧、常先、大鸿等臣子治理民众，并顺应天地四时的规律，推测阴阳的变化，给民众讲解生死的道理，论述存亡的原因。他还教民众按照季节播种百谷草木、驯养鸟兽蚕虫的技术，鼓励民众发展农业生产；他和臣子测定日月星辰以定历法，收取土石金玉来供民众生产生活使用，并且教导民众有节制地使用水、火、木材以及各种财物。轩辕氏因此受到万民敬仰，由于他的出生地和部族的长期活动地点都在黄河流域和黄土高原，"黄"在中国上古人崇拜的颜色中，属于和土比较相似和契合的颜色，因此轩辕氏号称黄帝。

我国汉代史学家司马迁根据前人记载以及各地传说整合出来的黄帝事迹，基本上奠定了他在后世民众心目中的崇高形象。此后的千百年间，由于黄帝在民众心中的崇高地位，在各地的传说中，在各个朝代史官和文人的笔下，将一些中华传统人文发明都集中到黄帝一人身上：很多关系国计民生的生产、生活制度、技术以及习俗都能和黄帝联系起来，传说中的黄帝受到民众的爱戴，他身边有许多贤臣名将；

他在中原艰苦创业，虚心向人求教，做出重大的发明创造；他矢志不移地寻求治国之道，推动了社会的进步。

不仅仅是中原，全国各地都流传着黄帝的伟大事迹，体现了原始社会末期生产力发展、社会迈向文明前夕的丰富物质与精神成就在民众心目中的辉煌记忆。

在史书记载和传说中，黄帝的首要功绩是大力发展农业，这是原始社会末期江河流域农业奠定与发展历史事实的反映与折射。黄帝之前的"神农氏时代"是采集农业和刀耕火种的时代，此时的农业属于萌发阶段，人们种植农作物的主要活动空间还是以山林为主。慢慢地，人们开始大规模地开辟土地、发展农业，越来越多地从山林、丘陵走向大河流域进行种植，对五谷的生成习性和食用价值也越来越熟悉和清晰，这就到了原始农业的确立与奠定阶段。在这一时期，由于农业从山林向河谷发展，除了自身饮用以外，灌溉技术也开始发展，于是凿井技术出现了，人们逐渐走向定居，这就是古代传说中"黄帝作井"和"黄帝作宫室"的真实历史背景。至于发明陶器、教民纺织以及发明冶炼等事迹，被人们集中到了黄帝和他的妻子嫘祖或者臣子身上，也是原始社会农业发展到一定程度之后手工业得以迅速发展的证明，还有黄帝发明舟、船和车（"轩辕"在古汉语中本身就有车的含义）的传说，也是农业生产力提高以后，社会物质交流和认识交往不断加强的民间文学记录和反映。

生产力的发展一般都会带来制度更新和文明进步，这些历史事实也反映在各类黄帝传说中。在社会组织方面，由于土地的大规模开辟，氏族社会内部生产出现了剩余产品，促使原始公有制逐渐转向私有制，使原有的公社所有制处于崩溃边缘，新的社会形势需要有新的社会制度来约束民众对于财产的占有行为，这可能就是传说中"黄帝设立制度"的社会历史背景。在民间传说和古书记载中，黄帝并没有依仗首领的特殊身份而占有更多财产，反而忧国忧民，面对社会变化急于寻求治国之道，最后终于创制了能让万民心安的一系列社会制度，形成有序管理的局面，达到了万民齐心的良好社会状况。因此后世统治阶级一旦察觉到社会矛盾比较激烈时，往往能回顾黄帝和老子的思想，采取较为宽松的社会管理方式，这就是政治思想中比较著名的"黄老之学"，而黄帝的思想也被中国传统道家文化所吸收，成为道家所追忆的开山鼻祖。由于人们认为黄帝具有清静无为的思想与品格，中华传统文化又将其视为养生保健中的核心内容，因此又供奉黄帝为中医之祖，后世许多医学著作都以"黄帝"命名。如著名的《黄帝内经》是成书于先秦时期的一部医学名著，书中通过黄帝与医术高明的大臣岐伯、雷公等人的对话，阐述了传统医学病理、病因与辨证医治的理念与方法，奠定了后世中华传统医学的理论基础，成为中医理论的奠基与经典之作。在《黄帝内经·上古天真论篇》中记载有出于对百姓生命和健康的关心，黄帝向岐伯请教当时之人与上古之人有巨大生命差异的原因所在，虽然这一篇的主要目的是诉说医理，但我们仍能从中看出在书籍和传说中黄帝永远是心系百姓的，恐怕这更是人们爱戴、敬仰他的真正原因吧。

由于对黄帝的爱戴和敬仰，从先秦开始我国就一直延续着祭祀黄帝的传统。与其他古代圣王一样，对黄帝的祭祀也有官方和民间之分。与民间相比，官方战国时期的史书《国语·鲁语》中就记载有远古社会有虞氏、夏后氏祭祀黄帝的事迹，这应该是官方统治者祭祀黄帝的最初记载。"黄帝崩，葬桥山"——各种书籍中所记载"桥山"有多处，但人们一般认为黄帝的陵寝就在今陕西黄陵城北。此处的桥山在秦汉时就被认为是黄帝陵所在之处，此处的黄帝陵已不能追溯何时所建，从汉武帝开始就有了到"桥山黄帝冢"祭祀的明确记载。此

清末上海锦章图书局刊行《黄帝内经》

后历代统治者都有祭祀黄帝的举动，有时在京城郊外建立祭坛祭祀，有时亲临黄陵一带的黄帝祠进行拜祭。虽然在古代社会，由于战争等原因，对黄帝的祭祀时断时续，但总的说来还是经久不衰的。因为历代统治者都认为自己的家族是黄帝之后，这就使得历代统治者对于黄帝的祭祀基本上处于持续状态。当然，除了统治者的祭祀，知识分子和民间也会自发地祭祀黄帝，如三国时曹植的《黄帝赞》就是古代个人祭祀拜谒黄帝陵的文学记录。

到了晚清时期，知识分子开始以黄帝作为重要象征人物，以"炎黄子孙"的固定说法，积极地把他想象成中华民族的共同祖先，以应对当时内忧外患的国际、国内环境而造成的民族自信心与凝聚力丧失的局面。到民国时期，由于内外局势更加紧张，各个政党与知识分子都不约而同地将黄帝作为中华民族的象征以期团结民众。

| 黄帝陵全景 |

除了公祭，在陕西黄帝陵所处地区，还有民众自发祭祀黄帝的行为，因为当地民风淳朴，老百姓相信黄帝是大家的"老祖先"，把他作为神灵来祭祀，以祈求黄帝保佑风调雨顺、五谷丰登、身体健康、家宅平安——这些都是广大民众对美好生活的憧憬。这样的祭祀、祈愿行为一般在正月初一进行，附近的民众当天一大早去黄帝陵，争着烧头炷香，为的就是取个新年吉祥如意的好彩头。以前这样的祭祀是自发和零星的，人们三三两两，成群结队，祭祀的方式丰富多彩，显示了民众对黄帝崇敬的朴素性。从1988年起，民间纯朴和随意的祭祀黄帝行为被县政府纳入规划，变成了有组织、有秩序的政府行为，从原来的正月初一拜祭变为重阳祭祀。这样一来，原来民间比较随意的黄帝祭祀也带有了一丝官方和政府的组织成分。其实当地政府的这一举动主要是为了与当地政府保护、建设黄帝陵庙的计划相联系。在改革开放初期，当地政府制定了将黄帝陵这一悠久地方文化遗产保护与地方经济发展联系起来的发展战略，于是以较为有序的组织和管理形式将黄帝陵的保护纳入当地旅游发展规划中，从这个时候开始，原先百姓的零星祭祀转变成为由当地政府组织的"重阳民祭"。

黄帝具有中华民族始祖的象征意义，他的形象和事迹的形成有着悠久的历史。在这个过程中，有多方面的原因促使黄帝传说向"人王祖先"这个核心上靠拢，这其中有古代史官的描绘书写，有秦汉以来各流派宗教、文化的交流和融通，还有统治阶级的统治需要等，但是在民间，黄帝传说实际上并没有受到上层制度、宗教和文化的完全限制，而是与道教、巫术等发生了更加密切的关系。因此，在中国人对于黄帝的崇拜和信仰中，一直有两条主线，即统治阶级祭祀黄帝是出于政治和文化的目的，而民众自发拜祭黄帝是出于对生活的需求目的，民众对黄帝事迹的和传唱才是千百年来黄帝信仰的源头。

|1993 年的黄帝陵祭祀 |

颛顼与帝喾

| 颛顼与帝喾 |

在华北腹地的河南内黄，有一个叫作三杨庄的普通村落，村中有两座相邻的传说是上古帝王的坟墓，即当地民众传说中的颛顼、帝喾二帝陵。这里的民众对两座坟茔顶礼膜拜，每年农历三月十八，这里都举行盛大的庙会，吸引来自周边县市数十万人聚集于此。场面热闹非凡，带有浓郁中国北方风貌的祭陵、商贸、戏曲、

游艺等商业、文化活动一一登场，这就是被列入河南省非物质文化遗产保护名录的高王庙会，这里的高王指的就是颛顼、帝喾两位上古帝王。在中国古代文献中，两位帝王经常被列入五帝之中，在民间传说中也不时有二王的精彩事迹，特别是其中的颛顼帝。在官方记载中，他最著名的事迹是楚人之祖与进行上古宗教改革，在内黄地区又以当地保护神的形式出现在民众口传神话中，对于他奇异名号的争辩也不时出现在知识分子的文字中，因而不得不让我们对这两位上古传说帝王产生探寻的浓厚兴趣。

在屈原的《离骚》和司马迁的《史记》等书籍中均明确说明颛顼与帝喾是楚人祖先，在《尚书》《国语》《史记·五帝本纪》中记载了二帝的主要生平：黄帝居住于轩辕之丘，后来娶了西陵氏家的女儿嫘祖作为正妃。嫘祖生了两个儿子，他们后来都成就了霸业——第一个儿子是青阳氏玄嚣，被封在长江流域居住；另外一个儿子叫作昌意，最后居住在若水。昌意娶了蜀山氏家的女儿昌仆，生下了有圣王之德的高阳氏。黄帝死后葬到了桥山，昌意之子高阳氏即位，这就是颛顼帝。颛顼性格沉稳而有谋略，疏旷通达，懂得事务的道理。他带领大家垦荒种地，按照四季的气候决定行动以便效法自然，依照山川神灵来制定国家民众行事的道理，研究四季五行的规律来教化民众，同时以虔诚洁净的心灵来祭祀鬼神。他统治的范围北到幽陵，南到交趾，西到流沙，东到蟠木，世间万物没有不归顺于他的。颛顼帝生了个儿子叫穷蝉，他去世后，玄嚣的孙子高辛继位，这就是帝喾。

帝喾高辛是黄帝的曾孙，高辛之父叫作蟜极，蟜极之父是玄嚣，他是黄帝与正妃嫘祖的第一个儿子。玄嚣和蟜极都没有即位成王，到了高辛这一代继承了族叔颛顼的帝位。传说高辛一生下来就显示出与众不同之处，能够说出自己的名字，可以对万物施恩却不顾及自己。在他很年轻时，就被颛顼帝选为助手，因为有功所以被封在辛地，因此又称为高辛氏。颛顼帝死后，他继承了帝位，时年三十岁。他耳聪目明，能知悉遥远、洞察隐微；顺应上天的义理且了解万民的需要；他仁爱而有威严，仁慈而真诚，并因此使天下诚服。在管理万民期间，他虽收取民间的土地产物，但却很有节制地利用，抚爱教导万民，观察日月运行而修订历法，明瞭鬼神并恭敬地侍奉他们。帝喾神态庄严，道德高尚，他行事顺应天时，衣着与士人相同。治理天下像灌溉农田那样平等而公正。帝喾娶了陈锋氏女子为妻，生子名曰放勋；还娶了娵訾氏女子为妻，生子名曰挚。帝喾逝世后，先由挚继承帝位，但他昏庸无道，最后被帝喾的另一个儿子放勋继位，这就是帝尧。

从以上关于二帝的身世以及事迹的简单描述中，

我们可以发现，虽然不能确定这两位古代圣王是否真实存在，但至少从记载中的颛项帝誉的时代，应该可以对应到中华史前史的部落联盟稳固发展时期。这一时期，联盟中出现了较为完备的职官体系和行政制度，还建立了比较稳定的首领选拔机制——禅让制。而颛项作为其中承上启下的帝王，是五帝时代前期与后期过渡阶段的代表。在古代文献中，关于他的事迹还有著名的"绝地天通"与"大战共工"，这些事迹反映了那一时代先民在宗教与文化领域的深刻改革。"绝地天通"在《尚书》《国语》以及《山海经》等书中都有记载，在这些文献里，它不仅仅是颛项帝一手策划的原始社会时期宗教与文化革命，还体现了早期巫师与宗教活动发展概况，以及早期任官制度设置和先

|山东嘉祥武梁祠汉画像石中的颛项像（复原图）|

|山东嘉祥武梁祠汉画像石中的帝誉像（复原图）|

民探索历法农时为农所用的缥缈史影。《国语·楚语下》中有关于"绝地天通"的记载,大意如下:

楚昭王问大夫观射父说:"《周书》上所说的是重、黎使天神与地民不相通,这是怎么回事?假如不这样做,是否地上的人就能上天呢?"

观射父答道:"《周书》上所说的不是这个意思。上古之时,治理民事和侍奉神明的官员是不能相混杂的。民众中有精明、专一的人,对于神,他们一向内心虔诚,他们的智慧能使天神和地民各得其所,他们的道德能光照远方普临大地,他们的眼力能洞察天地,他们的听力能通达一切,像这样的人,神明就下降到他身上,男的叫觋(xí),女的叫巫。

让这些人建造神的居所、确定祭祀排位和尊卑先后的次序,规定祭祀时用的牲畜的毛色、大小和当用的礼器、四季祭服的质色,然后让先圣的后人中有正直德行的,能够知晓主祭的山川名号,祖庙的先祖、宗庙的事务、先祖牌位排列的顺序,并且庄敬勤勉、礼节合宜,有能为表率的威仪、修饰整肃的容貌、衷信城笃的内心、洁净的祭服,而且能对神明恭敬虔诚的,任命他们为太祝。让那些有名姓的旧族的后人,能够识别四时生长的作物、懂得祭祀时该用的牺牲、瑞玉和缣帛之类,懂得祭祀时穿着采服的标准、祭器、礼器的大小,懂得调度庙主的尊卑、先后、远近,用屏障分割出表明尊卑的位置、建立祭坛的处所、知晓天神地祇的归属、宗教姓氏的出处来历的，而且能一心遵循古时典则的人，任命他们为宗伯。于是设立分管天、地、神、民、类物的官，这就是五官。五类官职各负其责，不互相杂乱。这样百姓以忠信为做人的根本，神明也有降福不降灾的德行，人和神的事不同，庄重、恭敬、各在其位而互不怠慢，所以神明福佑，生长出茂盛的谷物，百姓用丰裕的谷物进献神明，祸祟灾害不会降临，百姓的衣食财用也不匮乏。但是到了少皞氏的后期，南方的九黎扰乱德政，司民和司神的官员互相混杂，无法区别。人人都可以举行祭祀，家家都设立巫史，不再讲求肃敬虔诚，百姓也因此无法

得到神明的降福。神明不降福了，谷物生长不好，人们没有丰盛的谷物献祭。祸祟灾难屡屡降临，神和人都缺了生气。颛顼氏承受帝位后，命令阳位的长官——重主管对于众神的祭祀，命令阴位的长官——黎主管地事来统摄土地人民的治理，使一切又恢复到旧时的境况，不再有神民互相侵扰之事，这就是《周书》上所说的'绝地天通'。"

这段记载通过楚国大夫观射父之口说出"绝地天通"这一段久远的历史，向我们揭示了人类社会早期向文明社会迈进时的一系列宗教活动与变迁。

在古代人类思维中，很多自然现象是自身无法解释的，于是他们相信天地万

物都有其灵，并以"天"作为这些重要神明的承载，这就是从先民意识中萌生的模糊的"天神"崇拜。在他们的最初思维中，自身是完全可以与天神实现沟通的，实施的方式就是巫术与祭祀，能够通过巫术和祭祀沟通上天与神明的人员男性的叫作"觋"，女性叫作"巫"。巫和觋是百姓之中至诚无二心之人，同时又具有端庄严肃、聪明贤能等特质，这样的人能够得到神灵的附身，从而传达神灵的意旨，来实现天人交流。从观射父的一番话可以看出，他认为"绝地天通"事件反映了人类社会早期与神明沟通的三个阶段，第一阶段叫作"民神不杂"：此时侍奉神明的职责以及民政的职责是明确区分

的，巫师专门负责与神明交流，五官专门负责世俗事务，一般百姓则将生产出来的东西虔诚地供奉给神明，并相信神明会赐福百姓。第二阶段叫作"民神杂糅"：由于少皞氏集团统治力量衰落，九黎部族开始作乱，从而导致社会的动荡不安，每个家庭都有巫觋，人人都有资格祭拜神灵，祭祀神灵的神圣性、虔诚性、纯粹性不复存在，人人都祭祀神灵的举动也消耗了大量财物，祭祀品的数量和质量都不能保证，因此神灵不再好好地降福于百姓，灾害不断降临。为了杜绝这种现象，颛顼帝当政后，采取了"绝地天通"措施：让南正重再次掌管祭祀神明的权力，断绝其他与神明交流的渠道，尤其强调百

姓不能私自祭祀一些特殊的神明；又让火正黎掌管民事，使颛顼统领下的部落联盟重新回到了"民神不杂"的旧日传统中，这是颛顼当政后推行的一次关于祭祀的宗教改革，其中还有历法改革的成分。在古代文献记载和早期的口头传说中，颛顼还用天文历代替了物候历，为百姓生产、生活提供了更为可靠、准确的时令依据，如此一来也拨乱反正，消除了少暤末期历法失调、农时时序混乱的局面，重新恢复了社会秩序。

实际上，颛顼的宗教改革和施政纲领也遭到其他部落首领的抵制，这就是著名的"颛顼共工争帝之战"。共工是上述传说中的重要人物，关于他的记载大量存在于传世文献中，但大多数都是偶尔提及或者转引。从这些文献的零星记载中可以知道，共工氏是精于水务的古代部落联盟，这有可能与他们常年生活战斗在大河流域有关。共工部的首领共工也是史前社会集王权与神权于一身的大巫师，传说他是神农氏的后代，属于炎帝一族，他有人的面孔、手足和蛇的身体。由于颛顼帝继位后采取了一系列改革政策，共工就开始抗争并试图取代他成为中原的部落联盟首领，神话中说共工愤怒地用头撞击不周之山，支撑天的柱子折了，系着地的绳子也断了。天向西北方向倾斜，所以太阳、月亮、星星都朝西北方移动；地往东南方向下陷，江河湖水都向东南流淌汇集。

巧合的是，据古代一些文献记载，共工不但与颛顼帝发生过战争，还和颛顼的继任者帝喾发生过战争，最后又以共工氏的失败告终，可见在古史传说中颛顼、帝喾一系所代表的部落集团与共工氏的矛盾和斗争是比较长久的。这类战争我们可以理解为史前中原地区的部落集团之间为了争夺资源和联盟领导权而进行的争斗，说明当时政治部落之间开始联盟，传统的氏族制度进入瓦解阶段。继颛顼而立的帝喾也正处于这一时期。关于帝喾其人，我们看到司马迁在《史记·五帝本纪》中对他的描写与其他四帝相比，不免显得空洞而抽象，汉代以后古书中的帝喾事迹也大概与《史记》所记载的比较相似。反倒是在《山海经》这一先秦文献中，我们看到了关于帝喾的大量神话形象。根据后世学者的研究，帝喾又名夋，因此又被称为"帝俊"，他的神话形象在《山海经》中一共有十六条，其中十三条是关于帝俊后代的，说明帝喾（帝俊）后代繁盛且都有不小的功绩，因此先秦时期许多著名族群都以帝喾为始祖，其中较为闻名的有商族和周族。此外，在古代神话中，帝喾（帝俊）还与日月都有关系，并且自身的神格还是鸟神，说明帝喾部族最初是以鸟为图腾的族群，这一族群支系众多，不仅中容、晏龙、帝鸿、黑齿、季厘、禺号、后稷等为帝俊后人，就连日神和月神也源自帝俊一系，鼎鼎大名的射日英雄后羿也受帝俊差遣。综上所述，先秦神话中的帝俊俨然一副至上天神的形象，这大概就是很多族群都以帝喾（帝俊）为祖先的缘故。不论如何，《史记·五帝本纪》中的颛顼和帝喾是历史人物的形象，但在《山海经》等春秋战国时期的著作中，他们的神话形象却更为突出，说明自从两帝在先秦以来的文献中开始出现之时，神话性与历史性便成为颛顼与帝喾人物形象的永恒主题。从河南地区至今仍存的二帝传说和传说中的陵墓来看，这两位古代帝王始终活在民众的心中，这说明与颛顼帝喾关系密切的部族在古中原地区的确有过繁衍、生息、活动的历史足迹。因为从全国范围看，颛顼陵只有一处，就是本章开头所说的河南内黄三杨庄，这里由于同样说是帝喾陵寝而被称为"二帝陵"。而帝喾陵还有一处，即位于今河南商丘睢阳南25千米的高辛集，这里有一处长200余米、宽100余米的高丘，据当地方志记载，丘前原有帝喾祠、沐浴室、更衣亭、禅门、大量碑刻等古建筑及遗迹，现仅存明代碑刻一块。内黄县的颛顼和帝喾陵规模则要大得多，它位于距内黄县城30千米的梁庄镇三杨庄土山上，人称"二帝陵"。颛顼陵居东，其南北长66米，东西宽53米，高约26米。其西约60米处即是帝喾陵，略小且居颛顼陵后约两米，预示着颛顼和帝喾之间辈分关系及其殡葬方式。二帝陵园总占地面积约为 350 亩，从下至上分别有御桥、山门、庙院、陵墓、碑林及纵横相间的甬道，陵园四周以围墙环绕，被称为"紫禁城"。据文献记载，至少从汉代起，当地民众就开始修缮坟墓、建造享殿；至少从唐开始，官方就已经开始对二帝进行祀典；宋代以后列为定制。在古代的中央集权时期，官方的主要目的和态度是把颛顼与帝喾当作华夏始祖去供奉和敬仰。

然而在当地民众的口中，二帝陵被称为高王庙，民间以农历三月十八为颛顼帝诞辰日，在这一天有极为隆重的祭祀和庙会活动，这

河南商丘高辛集的帝喾陵

花糕

一活动当然主要起源于官方和民间对于二帝的祭祀行为。在庙会期间，各路善男信女以锣鼓开道，抬着贡献给高王爷（民间对于二帝的称谓）的整猪、整羊等供品，一路焚香燃炮，齐捧香帛，敲敲打打到高王陵庙，焚香跪拜，祈求愿望。在这些供品中，最为经典的是当地民众敬献的花糕。

花糕是北方面食艺术的代表，很多人家都在逢年过节或祭祀祖先时蒸花糕来作为祭祀用品，高王庙会上的花糕则比一般年节时要大得多。这种花糕必须为九层塔状，每一层都由小花糕组成，花糕的边缘还另外做一些动物的形状，最常见的是凤，最上端的一定是龙。其次，花糕底层一般是95厘米，象征着二帝"九五至尊"的身份。花糕要摆在二帝塑像前面以示敬献。

内黄的高王庙会，除了在三月份举办，在农历六月十八和十月十八也会举办，除了民间文艺团体的精彩表演，还有热闹的商贸活动，这体现了当地群众农闲时期丰富的文化生活。除了正规的祭祀活动，庙会时也有热闹的民众请愿活动，一般都是为了祈求升学、发财之类的愿望，在心愿实现后还要还愿。还愿时除了磕头，还在庙外放鞭炮，有的还用丰盛的祭品和捐献香火钱的方式来还愿，甚至用请戏班唱戏的方式来报答二帝神灵。

为什么三杨庄的高王庙如此热闹？在当地民众的心中，两位高王爷有很多保护救助人的显灵故事，这些传说的深层目的当然是规劝人们做事认真、与人为善、与人为诚。特别是在一些重大的历史事件中，颛顼都会现身，帮助正统的或者正义的一方。在民间传说中，这些历史事件就像是发生在当地一样，说明长久依赖对于二帝的崇拜和信仰已经深入到当地民众的心中，成为世世代代的传说和记忆。值得一提的是，在二帝陵周围，长久以来一直有三户姓寇的人家居住在此，为颛顼帝喾守灵，传说因为二帝是在寇家的地里驾崩，所以临终时吩咐寇家为他们守墓。虽然我们知道，这可能只是在解释为何寇家人一直在此居住，但不可否认的是，据史料记载，唐文宗十四年（840年），朝廷封寇家守陵人为庙户，宋代又被封为"寇千岁"，并给予一系列的优厚待遇，也使这种传统一直流传了下来。可以说，史书记载、官方的重视以及陵墓在当地的存在，使得民众从心里对二帝产生了敬仰和亲切的感情，这些都是当地人对"高王爷"无比崇敬和热爱的心理基石。

尧与舜

尧与舜

尧与舜是中华上古传说里五帝中的最后两位，他们的故事一直流传于民间，在司马迁的《史记·五帝本纪》中记述了他们的生平。

传说帝喾娶了陈锋氏女子为妻，生子名叫放勋，又娶了娵訾氏女子，生子名叫挚。帝喾逝世后，先由挚继承帝位，但是政治衰弱，于是又由放勋继位，这就是帝尧。

帝尧是一位既有智慧又非常仁爱的君王，他头戴黄色冠冕，身穿黑色衣服，乘着红色的车，驾着白色的马匹，宣明和顺的德行，使得自己领导的九族团结而亲密，十分和睦。帝尧命令羲氏与和氏恭敬地侍奉并顺应上天，观察日月星辰运行规律来制定历法，将历法节令告诉民众。他还任命羲仲居住在郁夷地区一个名叫旸谷的地方，每天虔诚地迎接日出。羲仲在那里观察太阳，分辨节令的时间，并告诉世人：春分那一天昼夜等长，黄昏时南方朱雀七星宿出现在正南方。人们便以此确定仲春，可以按时农作。尧还任命羲叔去南交居住，辨别节令以方便人们从事夏季农事，羲叔观察到夏至那一天白天最长，东方苍龙七星宿中的心宿黄昏时出现在正南方，用以确定仲夏。他又任命和仲居守在西方一个叫作昧谷的地方，恭敬地送太阳落山，辨别节令并管理秋收事务；和仲发现，秋分日这一天昼夜长短相等，北方玄武七星宿中的虚宿黄昏时会出现在正南方，并以此确定仲秋。此时民众欢乐，鸟兽的羽毛长齐。尧还任命和叔居住在北方一个名叫幽都的地方，辨别节令管理冬天储藏粮食的事务。和叔发现，冬至那一天白昼最短，西方白虎七星宿中的昴宿黄昏时出现在正南方，用以确定仲冬。这时民众回到温暖的室内，鸟兽都生出细软的茸毛。尧通过羲和氏四人的观察和辨正太阳的运动最终确定了一年有三百六十六日，并设置闰月以便和四季配合；同时发布命令整顿百官，各种事业欣欣向荣。

|山西临汾尧庙中的尧塑像|

帝尧问诸侯："谁可以继承帝位？"放齐说："您的儿子丹朱开明通达。"尧说："唉！丹朱不遵德义又喜欢争吵，不可用。"讙兜说："共工广聚人力，功绩显著，可以用。"尧回答："共工善于言辞，但他用意邪僻，貌似恭敬却欺瞒上天，不可用。"又问："现在泛滥的洪水使得民众非常忧愁，有能派去治理洪水的人吗？"诸侯们都说鲧可以，尧认为："鲧违背教命，毁败同族，不可用。"诸侯们认为先让他试试也无妨，于是尧就听从了他们的意见任用鲧。经过九年，鲧治水没有成功。

尧又问诸侯们："我在帝位已经有七十年了，你们谁能够顺应天命，接任我的位置？"诸侯应答道："我

们无才无德，不能胜任。"尧请大家推荐贵族中隐匿的人才，大家都对尧说："有个还没有娶妻的人在民间，名叫虞舜。"尧说："这个人我也听说了，他的情况如何？"诸侯们介绍说："虞舜是盲人的儿子，他的父亲不遵德义，母亲不讲忠信，弟弟狂傲无理，舜却满怀孝心和善意与他们和睦相处，使他们上进而不发展到奸恶

的程度。"尧说："那我就试试他吧。"于是把自己的两个女儿娥皇和女英嫁给舜，通过她们来观察他的德行。舜让两个妻子迁居在妫（guī）水边，遵行妇人应有的礼数。尧认为舜的做法很对，就让他宣扬父子、君臣、夫妇、兄弟、朋友这五种关系的基本伦理，人们都能接受而遵从。又让舜广泛参与各方面的管理事务，他也能处理得井井有条。尧让舜在四方之门迎接来朝的诸侯们，接待做得恭敬肃穆，诸侯和远方来客都很满意。尧派舜进入山林川泽，遇到暴风雷雨时他从不迷失方向。尧认为舜通过了重重考验，有超人的智慧，把他招来说："你谋划事情很周到，说过的话也有实效，已经三

年了，你可以登上帝位了。"舜认为自己的德行还不能让人心悦诚服而辞让，但尧坚持要做这件事。于是正月初一，舜在尧的祖庙接受了帝位。尧告老还家，命舜代行天子政事，观察天对这一决定的态度。舜于是用玉制的观象器物进行观测，使历法节令与日月五星运行完全吻合；接着举行祭祀上帝仪式，举行禋祭祭祀星辰风雨，举行望祭祭祀名山大川；收集五等圭璧，选择吉利的月份和日子，接见四方诸侯，并把圭璧颁发给他们。每年二月，舜去东方巡视，到达泰山举行柴祭，按照不同等级远祭东方诸侯国境内的名山大川。接着会见东方各国君主，校正他们的四时和月、日，统一音律和度量衡，制

定各种场合的礼仪以及觐见时诸侯所需的服饰礼仪。五月舜又去南方巡视，八月去西方巡视，十一月去北方巡视，礼仪和去东方巡视大致相同。一般每五年进行一次巡视，其余四年，四方诸侯到京城来见。

舜向所有的人说明治国的道理，公开考察他们的政绩，对有功的赏赐车辆和服饰。他把全国划分成十二个州，疏浚江河，把常用刑律刻在器物上，用流放的方法处置受到宽赦的五刑之人，处罚官员使用鞭刑，学校使用木棍扑打之刑，可以用黄铜来赎减刑罚，因为过失造成灾害的可以赦免，对屡犯不改的作恶之人严施刑罚，并一直告诫自己谨慎从事，要特别慎重地使用刑罚。

讙兜曾经推举共工为帝，尧不同意，而是让他担任管理工匠的官，之后的共工果然淫恶邪僻。三苗部族在江淮荆、州等地多次作乱，于是舜回到京师向尧帝进言，请求流放共工去幽陵改变北狄的习俗；流放去崇山改变南蛮的习俗；迁徙三苗三危（今青藏高原一带）改变西戎的习俗；流放鲧去羽山改变东夷的习俗。对此，天下都心悦诚服。

尧在位七十年后将帝位让给了舜，二十年后告老还乡，命舜代行政事来考察他。尧让帝位二十八年后去世，百姓非常悲痛，三年内各地无人演奏音乐，用这种方式表达对尧的哀悼。尧知道儿子丹朱不像自己，不能把天下交给他，于是采用变通的办法将帝位传给舜。尧逝世后，三年丧期结束，舜辞让帝位并到南河之南来避让丹朱，诸侯们不依附丹朱反而来投奔舜，舜说："这是天意呀！"于是回到京师登上帝位，这就是舜帝。

虞舜名叫重华，其父叫瞽叟，远祖是颛顼和昌意，从昌意传到舜，已经是第七代了。舜父是盲人，舜的母亲去世了，瞽叟又娶了妻子生了象，象生性傲慢但被瞽叟偏爱，常想杀掉舜来继承财产，舜都躲过去了。而且还能孝顺父母和善待弟弟，没有丝毫懈怠。舜本身是冀州人，但是在他的成长过程中，在各地从事过各种劳动：耕种、捕鱼、做陶器、做生意……也跑了不少地方，对想害他的家人都能一

如既往的好。舜在二十岁时以孝出名，三十岁时被尧定为接班人。尧用了一系列方式去考验舜，舜都顺利通过，他所到之处都积极领导当地人发展生产，和谐相处，人们都很爱戴他。尧于是赐给舜细葛布衣和琴，给他仓廪和牛羊。瞽叟和象很多次想杀死舜，都没有得逞，舜反倒更加爱护他们，这种行为博得了尧的好感，让他进一步管理政务。舜于是开始重用高阳氏和高辛氏各八个才德兼备的人——"八恺"和"八元"共十六人，让他们管理农务，传播教化；他还流放了帝鸿氏混沌、少暤氏穷奇、颛顼氏梼杌、缙云氏饕餮这四个凶族到边远地带去对抗更加邪恶的人。舜受到推荐掌管政事二十年，尧

让他代行天子之事。八年后尧去世，三年丧礼结束，舜先让位给丹朱，但是天下人都归服与舜。禹、皋陶、契、后稷、伯夷、夔、龙、倕、益、彭祖等二十二个尧帝旧臣在舜帝继位后都被分配到了具体的职务，分别在治水、刑狱、教化、农耕、祭祀、礼乐、迎宾、工匠、养生等方面都有很大功绩，四海之内也臣服于舜。其中禹因为平治水土功劳最大，因此舜登上帝位二十二年后，预先向上天和诸侯推荐大禹继承他的帝位。又过了十七年，舜有一次到南方巡视，在苍梧郊野去世，安葬在长江边上的九嶷山，被称为"零陵"。三年丧礼完毕之后，禹也效仿当年舜那样，把帝位让给舜的儿子商均，但诸侯们都

归服禹王，于是禹正式即位。但是尧子丹朱和舜子商均都有疆土，而且能用封地的收

山东嘉祥武梁祠汉画像石中的舜像（复原图）

山东嘉祥武梁祠汉画像石中的禹像（复原图）

山西运城大禹渡的大禹像

益供奉先祖，他们仍然穿戴祖传服饰，用祖先的礼仪，用宾客之礼朝见天子。

以上是司马迁经过田野调查采集，再加上去除一些比较荒诞的成分编订而成的尧舜故事，具有一定的历史真实性，当然其中的一些细节描写，千百年来也受到了一些学者的质疑。可以肯定的是，尧舜时代在中国历史发展中属于从氏族社会向国家过渡的阶段，在司马迁生活的汉代之前，就有很多古书记载和提及过尧舜的事迹，他们的传说也长期流传于各地，因此不管这两位古史传说人物是否真实，至少人们认为他们是真实存在过的远古圣王。在长江和黄河流域，到处传唱着尧舜的功绩，也到处有民众认为的尧舜遗迹存在，在很多地方传说中，不是有尧或舜出生于当地，就是以此地为都城，或者葬于当地的传说。其中晋南、山东还有湖南是尧舜传说最为密集的主要地域，其中又以晋南为甚，这里不但有考古出土的襄汾陶寺遗址被公认为是尧都的证据，在临汾地区和运城地区分别有尧帝陵、舜帝陵等传说遗迹存在，大量的尧舜传说以及信仰在两地民众的民俗生活中存在至今。

在晋南，尧文化的主要传播区域在临汾尧都区、翼城县、浮山市、洪洞县以及运城市的绛县、垣曲等地，这里不但有尧庙、尧陵以及大量与尧有关的祠庙、山水等物质载体，还流传着百余篇不同类型的尧王传说，更重要的是当地民众有祭祀供奉尧王的信仰行为，还出现了以尧帝传说为基础的娥皇女英二妃信仰。如洪洞县羊獬和历山是分处汾河两岸的村庄，羊獬村被当地人认为是尧的行宫、娥皇女英二妃

位于山西临汾
秦蜀路的尧庙

的娘家，而历山村则是舜和二妃的住处。按照当地说法，羊獬村人是尧的后代，天生比作为舜帝后代的历山村人长一辈，因此他们管二妃叫作"姑姑"，而历山等地人得管二妃叫作"娘娘"（当地发音为nionio，为"奶奶"之意）。当地每年在农历三月初三举行的以"接姑姑迎娘娘"为主题的走亲民俗活动，体现了民众将尧王崇拜和现实生活文化结合的现象。这一民俗活动的具体程序是，每年的农历三月初二早晨，羊獬村的村民从神庙里娥皇女英的神像抬出，由一支由男性村民组成的队伍护送走出村庄，并跨过汾河、抬至历山村。其间鸣锣开道，热闹异常。第二天，再以更加隆重的仪式将神像抬出，

绕道至万安镇停留一夜，再回到羊獬村。到了当年的农历四月二十八，历山、西乔庄的队伍又来到羊獬村，将两位娘娘的神像迎回历山。到农历四月二十九，万安的队伍也来举行相似的仪式。洪洞的"接姑姑迎娘娘"仪式实际上是一种游神仪式，其背后有一个完整的关于这一仪式行为由来的传说，大意是据说羊獬村原名周府村，后来有一只母羊生出了一只名字叫作"獬"的独角羊，这是一只神兽，具有分辨善恶的本领。此事被邻村圣人、尧的司法官皋陶知道后上报给了尧帝。定都平阳（今山西临汾）的尧王带着怀孕的妻子亲自前来视察，不料妻子在生獬之地分娩了女英，生而神异。尧见此地

连生神兽、圣婴，便举家搬来居住，并改村名为"羊獬"，作为尧王的第二故乡或者行宫。舜王本来生于明姜镇圣王村，后因继母迫害跑上历山耕种，又经人举荐，被尧定位接班人，并将两个女儿嫁给他，因此历山就是舜和二妃的居地。每年农历三月初三是追念先祖的日子，两位娘娘就回到羊獬娘家来省亲，直到农历四月二十八尧王生日，二妃给父王拜寿之后重回历山。这就是当地"接姑姑迎娘娘"习俗活动的传说基础。

晋南舜文化的主要流传区域在运城地区，主要分布在永济市垣曲县厉山镇、盐湖区舜帝陵庙等处，民俗学者在当地搜集的七十多篇有关舜帝的传说故事，以及多

山西洪洞县"三月三""接姑姑送娘娘"走亲活动

山西洪洞走亲活动中的舜帝二妃塑像

处舜帝庙会都是当地民众崇拜敬仰舜帝并以其为当地乡贤的现实象征，值得一提的

是，在运城地区同样有禹王的传说和大量遗迹，这表明晋南地区自古以来就是中华文明的重要起源地之一。

运城地区原先有多处舜王庙，并因庙形成了当地百姓的祭祀行为和庙会，如今大多废弃不用，其中盐湖区的舜帝陵庙近年来由于官方和民众积极倡导与参与，显示出祭祀与庙会兴盛的强大文化生命力。盐湖区舜帝陵庙位于运城市北相镇，根据古代当地县志所录唐代开元年间《重修碑》中所说，这里的舜帝陵庙始建于唐开元二十六年（738 年）。以后历代都有修缮，近代还由周围四村民众自发组织成立了专门管理陵庙修葺和庙会的民间组织——公局，说明围绕着舜帝陵庙分布的周围村落早已形成了独具地方特色的舜帝信仰风俗。根据当地民众回忆，旧时习俗每年农历二月初二舜王生日和九月

| 山西运城舜帝陵前的舜帝雕像 |

十三舜王祭日这两天，四村乡民都自发地在舜帝陵举行隆重的祭祀活动，前后当然还有热闹的庙会。其中二月初二主要是祭祀舜王，祈求一年风调雨顺、平平安安；九月十三主要是感谢舜王保佑，庆祝丰收。其实中国北方乡间庙会多集中于春秋两季，实质是春耕前的准备和祈祷，以及秋收后的喜悦和感恩，这些都是民众在生产生活中逐渐形成的心意信仰和愿望表达。但在山西运城北相一带，由于舜帝陵庙古迹的存在，围绕着这一遗迹生活的四个村子——西曲马、东曲马、杨包、张贺村的民众们祖祖辈辈都在传颂着舜帝等古代与运城有关的圣王英雄的贤德事迹，使得这里的百姓自觉地崇敬他们并且按照先人的品德为人处事。令人称奇的是，在以前每年农历二月初二的舜帝祭祀日，这四个村要抬着各自村里的神像去舜帝陵庙，其中张贺村抬尧王，杨包村抬舜王，东曲马村抬禹王，西曲马村抬汤王（后来改奉关公），四村村民抬着神像从自己的村落出发到舜帝庙，一路上还有仪仗队和鼓乐相随，热闹非凡。特别是各村的锣鼓队在过山门前的神道时都拼命敲自己村里代代相传的锣鼓曲如《虞舜锣鼓》《关公锣鼓》等，还有各式各样热闹的社会队伍表演，将这些神像抬到舜帝陵庙的大殿中，开始唱戏娱神，等到下午戏结束了，各村抬着神像回村，之后便是热闹的庙会了。庙会一般要开三到五天，其间还有人不停地来给舜帝烧香，当然除了一年两次的庙会外，平日四村的村民还在每月农历初一和十五来烧香求平安。无独有偶，在绍兴南部大山深处坐落着一个名叫王坛的古朴小镇，这里的舜王庙坐落在舜王山之巅，是会稽山区遗留至今的三座舜王庙中规模最大、保存最完好的一座。每年的九月二十七舜王庙会源于当地民众对舜王的崇敬而形成的一系列民俗展演活动，因为崇拜舜帝，当地有"举头三尺有舜灵"的说法，民众认为虞舜是极贤、极孝之人，虞舜的传说深刻影响着他们的价值观。

|2011 年王坛村祭祀舜帝的仪式|

图书在版编目（CIP）数据

三皇五帝 / 赵李娜编著 ; 黄景春本辑主编. —— 哈尔滨：黑龙江少年儿童出版社，2021.10（2022.7 重印）
（记住乡愁：留给孩子们的中国民俗文化 / 刘魁立主编. 第十辑，民间信俗辑）
ISBN 978-7-5319-7294-5

Ⅰ. ①三… Ⅱ. ①赵… ②黄… Ⅲ. ①帝王—生平事迹—中国—三皇五帝时代—青少年读物 Ⅳ. ①K827=1

中国版本图书馆CIP数据核字(2021)第179001号

记住乡愁——留给孩子们的中国民俗文化　　　　刘魁立◎主编

第十辑 民间信俗辑　　　　　　　　　　　　　　黄景春◎本辑主编

三皇五帝 SAN HUANG WU DI　　　　　　　赵李娜◎编著

出 版 人：张 磊
项目策划：张立新 · 刘伟波
项目统筹：华 汉
责任编辑：张 喆 张愉晗
整体设计：文思天纵
责任印制：李 妍 王 刚
出版发行：黑龙江少年儿童出版社
　　　　　（黑龙江省哈尔滨市南岗区宣庆小区8号楼 150090）
网　　址：www.lsbook.com.cn
经　　销：全国新华书店
印　　装：北京一鑫印务有限责任公司
开　　本：787 mm×1092 mm　1/16
印　　张：5
字　　数：50千
书　　号：ISBN 978-7-5319-7294-5
版　　次：2021年10月第1版
印　　次：2022年7月第3次印刷
定　　价：35.00元